LE FESTIVAL

DE LONDRES

ET

L'ORPHÉON DUNKERQUOIS.

JUIN 1860.

DUNKERQUE.

TYPOGRAPHIE BENJAMIN KIEN, RUE NATIONALE, 22.

1860.

LE FESTIVAL DE LONDRES

ET

L'ORPHÉON DUNKERQUOIS.

LE FESTIVAL

DE LONDRES

ET

L'ORPHÉON DUNKERQUOIS.

JUIN 1860.

DUNKERQUE.

Typographie Benjamin KIEN, rue Nationale, 22.

1860.

À M. Louis Manotte.

C'est à votre initiative que l'Orphéon Dunkerquois doit l'existence ; c'est à vos soins et à votre dévouement qu'il doit ses progrès...... À ce double titre je vous prie d'agréer la dédicace de la relation du *Festival de Londres*, auquel j'ai cru pouvoir rattacher son nom.

Vᵗ DERODE.

LE FESTIVAL DE LONDRES

ET

L'ORPHÉON DUNKERQUOIS.

———

JUIN 1860.

———

I

Dans une notice publiée en 1859 sur le Festival de Paris, nous avons exposé nos vues sur la valeur morale de l'institution orphéonique, et nous avons annoncé l'influence qui nous semblait lui être réservée dans le monde intellectuel ; nous l'avons signalée comme un puissant moyen de civilisation et de progrès.

Nous avons à tirer de semblables conclusions du grand Festival qui vient d'avoir lieu à Londres, et dont nous nous proposons de donner ici une relation sommaire.

Déjà, l'excursion faite à Douvres en 1859 par l'Orphéon dunkerquois, nous avait confirmé dans les espérances qu'avait fait concevoir la manifestation du Palais de l'Industrie. PARIS, DOUVRES et LONDRES sont, pour nous, trois termes d'une même série, quoi qu'ils aient chacun son caractère spécial. PARIS, révélation d'une force nouvelle, l'union et en quelque sorte la personnification des Sociétés Chorales; DOUVRES, échange de bonnes relations entre deux cités voisines; LONDRES, étreinte fraternelle de deux nations jusque-là rivales et hostiles jusque dans les témoignages officiels de leur mutuelle bienveillance.

Douvres et Londres ont pour nous, Dunkerquois, quelque chose de spécial. Car Londres a vu se répéter en 1860, sur une plus vaste échelle, ce que nous avions fait à Douvres en 1859. Dans les deux Festivals, les mêmes pensées ont été exprimées, les mêmes vœux formulés ; l'accueil a été le même, l'enthousiasme a été semblable, les conséquences sont apparues sous les mêmes traits. Seules, les dimensions ont différé, et cela devait être, car cette fois les délégués des deux nations s'étaient en quelque façon donné rendez-vous, rendez-vous pacifique, et sans doute plus conforme aux lois de la religion et de la sagesse, que ne le sont les sanglants conflits où se décident souvent les destinées des peuples.

Nous aimons à penser que l'initiative prise par l'Orphéon Dunkerquois n'a pas été sans influence sur la pensée première du Festival de Londres. C'est un souvenir glorieux et consolant dont nous sommes fiers, sans toutefois lui accorder une importance exagérée et en dehors de sa valeur réelle.

Des esprits sceptiques, des cœurs froids comme on en trouve, hélas ! partout, souriaient en lisant nos prévisions qu'ils qualifiaient d'exagérations ou même de chimères.

Le Festival de Londres vient pourtant de les réaliser et de les dépasser de beaucoup.

En mentionnant cette particularité, nous ne cherchons pas à satisfaire un futile amour-propre ; nous visons plus haut : nous voulons appeler sur l'institution orphéonique l'attention des hommes sérieux, et la placer, comme il convient, dans l'estime de ceux qui favorisent ce qui est bon et utile

Défendons-nous de l'exagération qu'amène ordinairement l'enthousiasme, c'est bien ; mais rendons hommage à la vérité. Ce qui vient de se passer au Festival de Londres est certainement un fait remarquable. Il aura des conséquences dont l'étendue ne peut encore, il est vrai, s'évaluer que par des conjectures et dont la durée est le secret de l'avenir ; mais ce qu'on ne peut raisonnablement contester, c'est que, en dehors de l'institution orphéoni-

que, telle que M. Delaporte l'a organisée en France,
il n'est personne qui aurait pu songer à l'accomplir ;
il n'est rien qui en aurait eu la puissance.

Et en effet, quelle doctrine, quels agents, quelles
circonstances auraient basé, conçu, exécuté pareille
chose ?

Qu'on ne s'y méprenne pas ! Ce qui nous semble
digne d'attention, ce n'est pas un concert, comptât-
il 3,000 exécutants, comme à Sydenham, ou 6,000,
comme à Paris ; mais ce qui nous paraît devoir fixer
les regards, c'est ce rapprochement si peu prévu de
deux grandes nations fières de leur puissance, si
long-temps et si souvent en antagonisme ; rapprochement qui n'est ni officiel ni administratif, mais
qui en a d'autant plus de valeur à nos yeux, parce
que rien n'en fait soupçonner la sincérité ; rapprochement dont l'art a été l'occasion et qui, il faut le
dire, n'a été possible que par suite d'une organisation dont la France a pris sagement l'initiative.

Au dehors de notre association orphéonique, es-
sayez quelque chose de semblable ! Evoquez le bon
vouloir, non pas d'artistes de profession, mais
d'hommes pour qui l'art est un simple délassement
et pour plusieurs, une étude à laquelle ils sont à
peine initiés ! Et voyez si vous réunirez ainsi 3,000
individus venant des divers points de la France, in-
connus les uns aux autres, et pourtant conviés à
exécuter en commun une œuvre désignée, l'exécuter
comme s'ils n'avaient pas eu d'autre occupation que

de concerter avec soin le fini des détails et l'effet grandiose de l'ensemble.

Qu'on y regarde de près ; la musique est la langue universelle, nous ne le nions pas et tous les cœurs l'ont bien éprouvé au Palais de Cristal ; mais la musique est-elle aujourd'hui différente de ce qu'elle était autrefois ? N'a-t-elle pas été toujours et partout ce que nous l'avons vue hier à Londres ? Pourquoi fait-elle aujourd'hui naître de plus hautes espérances ? Est-ce à elle, à elle seule, que revient l'honneur du grand fait dont nous venons d'être les témoins ?

Il y avait des Orphéons en Allemagne et ailleurs ; y a eu bien des festivals qui ont transporté d'un État dans un autre des hommes, des voix, des chants, des inspirations de l'art, et pourtant a-t-on mémoire de quelque chose d'analogue à ce qui vient de se passer sous les voûtes du Palais de Cristal ?

Et même en France, il y avait des Sociétés Chorales ; mais qu'ont-elles produit ? Que produiraient-elles, sans la centralisation dont Delaporte est le promoteur ?

Laissons maintenant un moment ce point de vue, pour en considérer un autre, non moins important.

On ne rougit pas d'avouer un vice dont on s'est corrigé ou qui est en voie d'amendement ; ne craignons donc pas de parler de nos torts passés.

En France, il ne manquait pas d'honnêtes gens,

ennemis des préjugés et pourtant animés d'une ré-
pulsion instinctive contre ce qui était anglais. Con-
fondant les *individus* avec le *gouvernement ;* la *na-
tionalité* des particuliers avec la *moralité politique*
de l'administration supérieure, ils vouaient à tous une
égale aversion. En théorie, ils détestaient la calom-
nie ; ils repoussaient la médisance et tout ce qui
peut nuire au prochain. Quant à l'Angleterre (qui
probablement leur semblait en dehors du prochain),
c'était différent : on pouvait sans scrupule se per-
mettre tout ce que l'aversion inspire. Ils donnaient
eux-mêmes l'exemple. A un fonds très-riche par lui-
même, la VÉRITÉ, ils ajoutaient des accessoires de
toute espèce, prenant ce transport pour du patrio-
tisme. Lorsque l'Empereur eut déclaré la guerre à
l'Autriche, il demanda à la France un emprunt de
750 millions, et on lui apporta cinq fois cette somme;
s'il eût nommé l'Angleterre, on lui en eût apporté
vingt fois autant, et ces excellentes personnes y
eussent fourni leur ample contingent.

De l'autre côté du détroit, un sentiment non moins
énergique, non moins aveugle dominait les masses
et y opérait un effet analogue. Le nom de *Francais*
n'y apparaissait que dans la compagnie d'une épi-
thète que nous ne voulons pas répéter, convaincu
qu'il est préférable d'envoyer tout cela à la lessive
qui va être faite des nappes du festin de Sydenham.

Maintenant, grâce à Dieu, après la manifestation
qui vient de se produire, il n'en saurait plus être

ainsi. Cette opinion n'est pas seulement la nôtre, c'est celle de la presque totalité des témoins des scènes qui viennent d'avoir lieu : nous l'avons entendue librement et spontanément formulée par des gens du Midi aussi bien que par des gens du Nord. C'est l'impression que l'on rapporte à Strasbourg, à Agen, à Bordeaux, aussi bien qu'à Marseille, à Paris ou à Dunkerque. Au récit qui va se répandre partout de cette magnifique et si flatteuse réception, on se dira dans ces diverses localités : Pourquoi donc cette vieille et absurde hostilité contre des hommes qui ont si cordialement accueilli et si fraternellement traité nous, nos amis, nos compatriotes ? Ces hommes qui, en entendant nos voix, ont laissé leur cœur battre à l'unisson du nôtre, et dont les yeux se sont mouillés, en même temps que les nôtres, de larmes amenées par les mêmes émotions aussi sincères et profondes qu'elles étaient naturelles et honorables !

N'en doutez pas, cela se dira, et cela produira un effet salutaire. Les vieilles préventions finiront par se fondre à la chaleur de semblables souvenirs ; l'écho prolongé de ces amicales acclamations qui ont accueilli les Orphéonistes, faisant en Angleterre une invasion au nom de l'art, fera taire les murmures de la haine décrépite qui avait été long-temps seule à se faire entendre. Cela n'empêchera peut-être pas toute catastrophe internationale, mais cela contribuera à la retarder, à l'amoindrir ; et c'est assurément un premier résultat dont nous devons nous féliciter.

Qui de nous se sent à l'abri de cette petite faiblesse de citer avec une certaine fierté, le titre ou la richesse d'un ami qui nous a invités à sa table ? Les Orphéonistes ne sauraient donc oublier de si tôt les preuves qu'ils ont vues de la puissance de notre voisin, du comfortable qu'il a établi partout ; ils rediront volontiers leur visite à ces monuments dont quelques-uns n'ont pas de pareils ; ils se reporteront par la pensée dans cette ville immense qu'on nomme Londres, ils se replaceront au milieu du mouvement indescriptible qui s'y développe, du commerce gigantesque qui s'y accomplit ; ils reverront ces docks sans rivaux, ces voies publiques, artères interminables; ce splendide Palais de Cristal où la curiosité ordinairement insatiable trouve elle-même à se fatiguer ; où l'art, la science, la richesse et l'industrie se sont ingéniées à orner à l'envi le théâtre d'une ovation sans exemple dans les fastes de l'humanité, scène grandiose où ils ont personnellement tenu un rôle.

Ces récits faits, renouvelés, commentés autour du foyer de famille, dans mille localités diverses, ne sauraient manquer leur effet. Ce que le sentiment resté théorie n'aurait pu faire, ils le feront : l'amour-propre lui-même contribuera à ce bon résultat. Ce que la sagesse des souverains a tenté, ce que la raison a fait à la surface, cela va l'opérer dans les profondeurs des couches sociales où nul autre agent n'aurait pu pénétrer.

La France et l'Angleterre ont, dans cette entrevue, manifesté le caractère qui leur est propre ; mais l'initiative ne suffit pas ; il faut achever l'œuvre si bien inaugurée. Vienne maintenant en France une excursion des Orphéonistes anglais ; que les Français les accueillent comme l'exigent la gratitude et les convenances ; ce qui était pour nous un devoir général est devenu une dette patriotique ; il faut 'acquitter largement et libéralement.

Alors il se passera dans le peuple de l'Angleterre une réaction analogue à celle que nous venons de prédire pour la France, et la doctrine de la paix universelle aura fait un pas que ne lui ferait jamais faire le *Free trade* ni toute autre doctrine qui s'adresse uniquement à l'intérêt, c'est à dire à ce qu'il y a de plus intraitable dans l'homme.

Nous ne nous dissimulons pas qu'en plaçant en tête de notre récit ces réflexions qui devraient en être des déductions, nous intervertissons l'ordre logique ; mais nous avons cru devoir passer sur cette petite irrégularité. Les détails que nous avons à consigner tirent toute leur valeur des considérations morales qui viennent d'être indiquées ; il était donc à propos de les exposer d'abord. Notre intention n'est pas d'ailleurs d'omettre aucun de ces détails, et nous allons leur laisser la place qui leur appartient.

II

Dès le mois de novembre 1859, le Festival de Londres était annoncé par une circulaire de M. Delaporte, le courageux initiateur qu'on a qualifié de *Garibaldi de la musique*. (Ce qui explique pourquoi il a de si chauds partisans et de si violents détracteurs.

Il fallait, en effet, pourvoir de loin à toutes les exigeances d'une telle entreprise ; travail énorme pour les organisateurs ; fardeau pesant pour les Orphéonistes eux-mêmes, puisqu'elle leur demandait neuf journées consécutives et une dépense qui, bien que restreinte autant que possible, devait atteindre un chiffre encore trop élevé pour le plus grand nombre d'entre eux.

Néanmoins, environ 170 sociétés chorales envoyèrent leur adhésion. Les 3,000 volontaires qui se firent ainsi inscrire sur les contrôles prouvent suffisamment que l'idée était favorablement accueillie en France. Aussi rencontre-t-on sur l'état nominatif, Arles et Toulouse, aussi bien que Colmar et Strasbourg ; St-Etienne et La Rochelle, aussi bien que Metz, Valenciennes, Dieppe et Dunkerque. C'était bien là un *congrès musical*, où se réunissaient les délégués de 44 départements français. Un seul département, *la Seine*, avait député VINGT-SEPT sociétés (1).

(1) Voici le nom de la plupart des Sociétés françaises qui ont pris part au Festival de Londres :

La Société chorale de St-Quentin, idem de Bohain,

L'Orphéon Dunkerquois avait vingt représentants.
C'est le nombre des chanteurs qui lui valurent une
médaille au concours de Paris; c'est la moyenne
des sociétés venues au Festival de Londres.

Par une mesure de prudence que plusieurs de

l'Orphéon de Château-Thierry, l'Orphéon de Narbonne,
idem de Troyes (Aube), la Société chorale de Troyes,
l'Orphéon d'Arles, les Chanteurs Neustriens de Caen,
les Orphéonistes et les Vénitiens de Bayeux, le Cercle
choral de Falaise, l'Orphéon de Condé-sur-Noireau,
l'Orphéon d'Angoulême, les Enfants d'Apollon d'Angoulême, l'Orphéon de Cognac, la Société chorale de Ruffec,
l'Orphéon de la Rochelle, l'Orphéon de Vierzon, la Société chorale de Dijon, idem de Châtillon-sur-Seine,
l'Orphéon de Beaune, idem de Semur, les Enfants de la
Saône, de St-Jeane-de-Lôsne, la Société chorale de Lai-
gues, l'Orphéon de Périgueux, l'Orphéon de Beaume-
les-Dames, l'Orphéon de Chartres, la Clémence-Isaure
de Toulouse, la Société chorale de Colomiers, l'Orphéon
de Villemur, la Société Dalayrac de Muret, l'Orphéon
Auscitain d'Auch, la Société chorale de la Bastide de
Bordeaux, l'Orphéon de la Réolle, Union chorale de
Bordeaux, l'Orphéon de Béziers, l'Orphéon de Tours,
les Enfants du Jura, de Dôle, Société chorale d'Arbois,
la Société chorale Forézienne de St-Etienne, les Enfants
de la Loisea St-Etienne, Députation des Orphéons du
Velay, Société chorale d'Agen, l'Orphéon de Tonneins,
la Société chorale de la Plume, la Société de Sainte-
Cécile de Blois, l'Orphéon de Vendôme, l'Orphéon
d'Angers, la Société chorale de Sainte-Cécile de Rheims,
l'Orphéon de Chaumont, idem de Joinville, la Société
chorale de Sainte-Cécile de Nancy, idem de Lunéville,
la Société Philharmonique de Bar-le-Duc, l'Orphéon de
Metz, Députation des Sociétés chorales de Lille, l'Association chorale de Valenciennes, les Enfants de Gayant
de Douai, les Orphéonistes de Tourcoing, les Sociétés

ces sociétés ont trop négligée, nos Orphéonistes avaient désigné un commissaire qui devait précéder leur petite troupe et lui préparer la voie. On évite ainsi bien des désagréments et des mécomptes ; on épargne aux intéressés les plaintes qui suivent tou-

chorales d'Hazebrouck, idem de Séclin, les Orphéons de Dunkerque, idem de Roubaix, les Sociétés chorales beauvoisiennes de Beauvais, l'Orphéon de Try-le-Château, les Orphéonistes d'Arras, l'Orphéon d'Aire-sur-la-Lys, Cercle choral de Brumath, le Choral et l'Union Musicale de Strasbourg, la Société chorale de Mutzig, l'Harmonie de Bischwiller, l'Orphéon de Colmar, la Sainte-Cécile de Zimmersheim, la Société chorale de Massevaux, l'Orphéon de Guebwiller, la Société chorale de Thann, Cercle chorale du 2ᵉ arrondissement de Lyon, la Société chorale du 3ᵉ arrondissement, la Société chorale lyonnaise et le Choral du Rhône, de Lyon, l'Orphéon de Fouvent-le-Haut, l'Orphéon de Mâcon, la Société chorale de Chalons-sur-Saône, la Société Philharmonique du Creuzot, la Société chorale du Mans, les Orphéons de Rouen, idem de Deville-les-Rouen, idem d'Eu, la Société Philharmonique de Dieppe, les Enfants de Lutèce, les Enfants de Paris, l'Odéon, l'Alliance chorale, l'Union musicale, l'Ensemble, le Choral Parisien, les Enfants de la Belgique, les Chœurs de Ste-Cécile, les Enfants de Guttenberg, l'Union chorale, le Choral d'Artistes de Paris, l'Union chorale du Conservatoire, les Fils d'Orphée, la Chorale de Belleville, la Chorale de Montmartre, les Tyroliens de Montmartre, l'Orphéon de Vaugirard, idem de Clichy, de Paris, l'Orphéon de Nogent-sur-Marne, les Enfants de Choissy-le-Roi, l'Orphéon de Montreuil-aux-Pêches, idem d'Arceuil, idem de Boulogne-sur-Seine, idem d'Epinay, idem de Pantin, idem de Melun, les Enfants de Saint-Denis, l'Orphéon d'Auxerre, idem de Sens, idem de Chablis, la Société chorale d'Avallon, la Société chorale de Bellac, jours les déceptions; on prévient ces tiraillements qui paralysent tout ce que l'on espère de ces manifestations.

Le collègue qui accepta ce mandat s'en est acquitté d'une manière parfaite, et les Orphéonistes de Dunkerque lui offrent ici leurs remerciements pour le zèle et le dévouement dont il n'a cessé de leur donner des preuves; ils se plaisent surtout à déclarer que c'est à ses bons soins qu'ils reportent la majeure partie de l'agrément de ce voyage (1). Deux sociétaires qui lui furent adjoints au départ, ont aussi à leur reconnaissance des droits qu'ils aiment à proclamer.

Le samedi 23 juin, nos voyageurs quittèrent la gare de Dunkerque, à 6 heures 10, et arrivèrent à

la Société chorale de Melun, idem de Bray-sur-Seine, l'Orphéon de Melun, idem de Fontainebleau, idem de Montereau, idem de Chatenay-sur-Seine, idem de Trilport, idem de la Ferté-sous Jouarre, idem de Lagny, idem de Meaux, idem de Mandres, idem de Sacalles, idem de Saint-Germain en-Laye, idem de Pontoise, idem de Meulan, idem d'Etampes, idem d'Herblay, idem de Napoléon-Saint-Leu, idem de Montlhéry, idem de Garches, idem de Marly-le-Roi, idem d'Argenteuil, idem de Marcoussis, idem de Montmorency, idem de Carrières-sous-Poissy, idem de Montfort-l'Amaury, idem de Chaville, idem de Triel, idem de Marines, idem de Gonesse, idem de Versailles, la Société chorale de Poitiers, idem de Neuville.

(1) Ce même sociétaire, M. Victor Derode fils, a aussi été désigné pour faire partie de la commission internationale chargée de l'examen des comptes du Festival de Sydenham.

Calais en compagnie d'un bon nombre de camarades. Toutefois, ils étaient loin d'être au complet. Il fallut attendre jusqu'au lendemain à 2 heures de relevée. Il ne fut donc pas possible de partir avant la marée de 4 heures.

En cette occurrence, M. le maire de Calais montra toute la bienveillance désirable ; nous avons aussi personnellement à nous féliciter des attentions de M. Laude et de quelques-uns de ses concitoyens.

Après une attente de dix-huit longues heures, on monte à bord du steamer.

Le temps est superbe et la mer calme. Pendant que le capitaine donne le signal du départ et que la vapeur mugissante se met à l'œuvre, les voyageurs entonnent l'hymne de Thomas : *France! France!...* C'est aux accords harmonieux de leurs voix que le navire quitte le port; 90 minutes suffisent pour la traversée qui s'opère cette fois sans aucun des accidents qui ont émaillé notre excursion de Douvres en 1859. — De Dieppe et de Boulogne, partaient en même temps des détachements de volontaires, moins heureux que nous, dit-on, sous ce rapport, et se dirigeant vers New-Haven et Folkestone.

A Douvres, une réception des plus amicales accueille les arrivants et inaugure les ovations dont ils n'ont cessé d'être l'objet pendant leur séjour en Angleterre.

Du navire ils passent en wagons; un train d'une vitesse exceptionnelle les emporte vers Londres, à raison de 70 kilomètres l'heure ; leur laissant à peine le temps d'apercevoir la beauté des sites fuyant sous leur regard. Enfin, à 10 heurs, c'est à dire cinq heures après le départ de Calais, il sont dans la capitale du Royaume-Uni.

En sortant du débarcadère, les Dunkerquois se dirigent vers *high street Boro' Half-moon hôtel*, où les attendent bon souper, bon gite et des figures amies. Leur hôtel est à proximité de la gare qui doit les porter à Sydenham. Voilà qui commence bien ; on se livre aux plus riantes prévisions et l'on s'abandonne au sommeil qui n'apporte que des rêves dorés montrant en prospective les splendeurs du lendemain.

Les jours se suivent... mais ils ne se ressemblent pas... c'est connu ! on en eut une nouvelle preuve. Le lendemain, à leur lever, au lieu du soleil qu'ils attendaient, nos Orphéonistes ne trouvèrent que la pluie et un de ces ciels brumeux, si communs à Londres. Le temps, comme s'il se reprochait les concessions de la veille, semblait déterminé à prendre sa revanche.

Néanmoins, il faut aller ! A huit heures, on est à la gare ; on y reçoit les cartes d'admission pour le Palais de Crystal. Des nuances tranchées aident à les reconnaître : *blanches* pour les premiers ténors ; *bleues* pour les seconds ; *oranges* pour les basses ; *rouges* pour les barytons.

On arrive et on oublie bientôt la disgracieuse

physionomie du temps, car on retrouve des camarades dont on a serré la main au festival de Paris ; on renouvelle connaissance avec des compatriotes (plaisir toujours si doux sur la terre étrangère) ; le Nord étreint le Midi ; l'Est se jette dans les bras de l'Ouest... Encore quelques solennités semblables, et, grâce à l'Orphéon, les Français ne feront vraiment plus qu'une famille.

Il y avait des retardataires, il fallait attendre. On profite du loisir qui en résulte pour faire une tournée d'inspection dans les diverses annexes de ce palais enchanté ; ici, on dépasse encore la vitesse des locomotives Crampton ; car en peu d'instants, on passe des animaux antédiluviens aux *aquariums* où vit la gent ichthyologique de notre époque ; on va de Ninive à Pompeïa ; de l'Alhambra aux Pyramides... On admire ces voûtes transparentes, si hardies et si légères ; ces vastes jardins où sont concentrées tant de merveilles.

A onze heures a lieu une répétition à laquelle succède un déjeûner que l'on peut se procurer au prix modique de un schilling.

Dès deux heures, et en dépit du temps, les auditeurs arrivent et prennent place dans la vaste galerie préparée pour le concert.

Nous n'essaierons pas de décrire cet indescriptible monument nommé le Palais de Crystal. Ceux qui l'ont vu savent à quoi s'en tenir. Ceux qui ne l'ont pas vu ne pourraient s'en faire une idée. La plume est impuissante, le crayon seul peut lutter contre de telles difficultés, et n'a pour rival que le soleil, le très-humble serviteur des photographes.

Nous dirons du moins que l'estrade destinée aux chanteurs est au milieu de la grande nef contre la paroi nord; qu'elle est formée de gradins concentriques qui s'élèvent jusqu'aux galeries supérieures. Au bas est un emplacement réservé à la musique des guides que l'Empereur a autorisée à se rendre au festival. Au centre, le pupitre où se placeront successivement M. Mohr et M. Delaporte.

Les drapeaux de France et d'Angleterre figurent dans une foule de groupes qui ornent les colonnes. Deux mains entrelacées, emblème d'union, dominent l'orchestre. Les noms des grands hommes dont s'honore la France se lisent dans des écussons disposés au pourtour. On lit aussi dans des cartouches les noms des départements représentés au festival. Au premier rang, figurent à droite la Seine ; à gauche, le Nord. Distribuées avec goût et symétrie, les bannières des Orphéons étalent leurs riches broderies.

L'auditoire est confortablement assis dans des fauteuils de stalle. Quant au nombre des assistants, il était difficile de le déterminer. La simple vue, et les appréciations qui en ont été faites varient considérablement.

Ainsi, à la première séance, tandis que les uns l'évaluent à dix mille, ce qui est déjà un joli groupe, d'autres l'élèvent à 12 mille, à 17 mille et même à trente mille. Du reste, l'assistance était plus que doublée à la séance du 29, et ici encore, les chiffres mis en avant partent de 20 mille pour aller à 40, 50 et même cent mille. M. Ferrier, qui n'est pas suspect d'enthousiasme, dit 80 mille, et encore, ajoute-t-il, ce nombre était-il doublé par la foule qui circulait dans les galeries supérieures. Ce serait donc cette fois 160,000 personnes !

Parmi ces données diverses, que nous ne pourrions contrôler, le lecteur choisira celle qui lui conviendra le mieux.

Quoi qu'il en soit, l'armée musicale se place à peu près comme elle l'a fait au Palais de l'Industrie en 1859. En avant, à gauche des spectateurs, les basses ; à droite, les barytons ; plus haut, les ténors.

M. Delaporte arrive à son pupitre ; il est salué par d'unanimes acclamations, tant de l'assemblée que des Orphéonistes. Ces témoignages, renouvelés toutes les fois qu'il s'est montré, prouvent l'inanité des accusations que certaines gens n'ont pas craint d'articuler contre lui, et démentent les allégations haineuses auxquelles il s'est vu en butte.

Le maëstro donne le signal : un silence profond s'établit. Batiste, l'habile organiste de St-Eustache et professeur au Conservatoire de Paris, prélude sur le magnifique instrument qui est préparé, et donne le ton pour l'hymne nationale de l'Angleterre, le *God save the queen*.

L'assistance se lève par respect pour ce chant sacré qu'on écoute toujours avec un religieux recueillement.

Quoique parmi nos Orphéonistes, un bon nombre fussent encore fatigués du voyage, et plusieurs, d'une nuit passée sans sommeil, on attaque bravement ce morceau avec les paroles anglaises ; ce qui, selon l'expression *badine* d'un journal d'outre-Manche, est, pour les Français, « ausssi difficile » que *de fabriquer un plum-pudding ou de passer » le détroit sans éprouver le mal de mer.* » Ils avaient vaincu cette difficulté préliminaire, ils vainquirent l'autre, et la dernière note du chant était à peine éteinte, que des applaudissements bien conditionnés se faisaient entendre de toute part. Le sentiment patriotique, si puissant chez les Anglais, se trouvait heureux d'entendre des voix françaises formulant des vœux pour le bonheur de la reine Victoria, pour l'abaissement de ses ennemis, etc. ; ce qui permet de supposer qu'on ne se range parmi ceux-ci ni pour le présent, ni pour l'avenir. C'était une avance amicale très-significative et qui devait, de prime abord, poser les Orphéonistes dans un chemin qui aboutit droit au cœur de tout bon Anglais.

Pour en apprécier la portée, supposòns la réciproque ; admettons que 3,000 Orphéonistes venus de tous les districts de la Grande-Bretagne chantent à Paris devant un auditoire français :

« O Dieu, sauvez la France ! qu'elle subsiste

» long-temps, cette noble nation ; donnez-lui la vic-
» toire et le bonheur ! qu'elle soit toujours glo-
» rieuse ! Répandez sur elle vos dons les plus pré-
» cieux ! Qu'elle défende nos lois et nous donne à
» jamais l'occasion de chanter du cœur et de la
» voix : O Dieu ! sauvez la FRANCE ! »

. Car, remplaçons *France* par *Reine*, et voilà bien
ce que nous avons dit aux Anglais. Cela devait leur
plaire et cela leur a plu. Cet acte de bonne entente,
qui a commencé cette démonstration internationale,
a disposé tout le monde à cette touchante effusion
dont nous avons été les témoins.

Après le *God save*, la musique des guides se fit
entendre, exécutant l'ouverture de *Zampa*, œuvre
remarquable, véritable spécimen du style musical
et du génie français dont Hérold nous semble le
type.

Il serait difficile de dire avec quelle perfection ce
morceau a été rendu ! Ce n'est pas des instruments
que l'on entend !... Ce n'est pas ce son cuivré
et strident qui rugit d'ordinaire pour interpréter les
œuvres de nos compositeurs... C'est quelque chose
d'aérien, c'est une onde qui nage, c'est une voix qui
prend son vol, c'est une pensée qui vient à l'âme,
c'est quelque chose qu'on ne peut dire, mais que
l'on comprend... que l'on aime... Les applaudissements de l'auditoire l'ont suffisamment témoigné,
et ont confirmé l'opinion que nous ne balançons pas
émettre que la musique des guides est aujourd'hui

sans rivale. Honneur à M. Mohr, l'habile directeur de cette admirable troupe !

Les Orphéonistes eux-mêmes subissaient le charme et se laissaient aller à l'enthousiasme général. Les convenances exigeaient peut-être qu'ils s'abstinssent d'applaudir... Ils ne s'en doutèrent que bien tardivement.

Après ces deux morceaux, vint le *Veni Creator spiritus*, de Besozzi, qui fut entendu avec beaucoup de faveur. — Le *Chant du Bivouac* fut bissé (1), ainsi que les *Enfants de Paris* et la *Retraite*.

Le *Septuor des Huguenots* produisit peu d'effet ; il fut mieux apprécié au 3ᵉ concert. Le *chœur d'Isis*, par Mozart, mal commencé, dut être repris.

Ces cahots de détail n'empêchèrent pas le succès de l'ensemble, qui prit une animation inattendue par une circonstance fortuite.

Cette première séance devait se terminer par *France ! France !* d'Ambroise Thomas, paroles de Vaudin. Enlevé avec un admirable entrain, ce morceau fut redemandé, et l'assistance réclama en outre l'air : *Partant pour la Syrie*, ce qui fut accordé;

(1) Voici le programme de ce concert :

1° Le *God save the Queen;* 2° ouverture de *Zampa ;* 3° le *Veni Creator;* 4° le *Chant du Bivouac;* 5° fantaisie sur *Giralda;* 6° le *Départ du Chasseur;* 7° scène des *Huguenots;* 8° air avec variations ; 9° les *Enfants de Paris;* 10° les *Mystères d'Isis;* 11° la *Retraite;* 12° ouverture d'*Obéron;* 13° le *Jour du Seigneur;* 7° *France ! France !*

mais, en manière de réciprocité, et sans qu'il en fût fait mention au programme, l'Orphéon entonna le *God save the Queen*. Ce fut l'étincelle qui détermina l'explosion sympathique qui se préparait depuis le commencement de la séance.

Après chaque morceau, les approbations les plus chaleureuses avaient été données ; après celui-ci, ce fut bien autre chose !

Si les Orphéonistes chantèrent avec un entrain et un ensemble admirable ; si, comme on le leur a dit, ils ont approché de bien près de l'idéal des chœurs et produit l'illusion qui fait croire à l'émission d'une seule voix, ils en furent généreusement récompensés par des applaudissements de bon aloi. Un témoin auriculaire affirme que les *encore !* et les *bis !* faisaient vibrer les voûtes du palais, et, par métaphore, il prétend qu'on les aurait entendus à dix lieues de là ; mais tout cela n'approche pas de ce qui se passa après la seconde audition du chant national anglais.

Cette fois encore, on a pu constater la puissance de l'effluve électrique qui se répand sur une nombreuse assemblée. Nous l'avions observé à Paris ; on a pu l'observer à Londres et d'une manière d'autant plus sensible qu'elle agissait là sur deux peuples en antagonisme séculaire et trop souvent en hostilité flagrante. Ces deux peuples n'en formaient plus qu'un ; une attraction véritable entraînait ces hommes qui, hier encore, étaient étrangers les uns aux autres. Nous disons ces hommes, nous pourrions ajouter ces dames, car elles agitaient leur mouchoir, jetaient de sympathiques *hurrah !* et ne se montraient pas les moins enthousiastes. Que vous dirai-je ? Il y eut de fraternelles étreintes, des serrements de main, des larmes coulèrent de bien des yeux !... de vraies larmes de joie et de bonheur, non pas seulement chez quelques femmes nerveuses et impressionnables, mais chez la généralité des assistants, chez des hommes qui ne se seraient jamais crus susceptibles d'attendrissement, et qui, en s'essuyant les yeux, se demandaient comment cela avait pu se faire...

Et vraiment ! C'était quelque chose d'inimaginable, quelque chose qu'il faut avoir vu, avoir éprouvé pour le croire possible ; quelque chose que nous n'essaierons pas de faire comprendre, préférant confesser tout de suite notre insuffisance, nous en rapportant aux attestations des milliers de témoins qui sont là pour l'affirmer.

Il fallut revenir à l'hôtel. A 7 heures, on y était de retour. Enchantés des émotions de la journée, on fit honneur à un souper très-convenablement servi ; puis, après une excursion dans les rues de l'immense cité, on vint demander à un bon lit le repos dont on avait grand besoin.

III

Le mardi **26** juin, la matinée était libre. La plupart des Orphéonistes en profitèrent et se répandirent dans les divers quartiers de Londres, où plusieurs s'égarèrent, où d'autres visitèrent les principaux monuments. Les steamers qui sillonnent la Tamise, et dont quelques-uns, pour le prix modique de *two pence*, font parcourir huit kilomètres sur le fleuve, reçurent un grand nombre de touristes émerveillés du mouvement commercial qu'ils voyaient autour d'eux.

Sous la conduite de leur obligeant cicerone, les Dunkerquois parcoururent, tant par eau que par terre, un itinéraire combiné de manière à arriver avec un minimum de temps et de fatigue à posséder le maximum de notions.

Aussi, quoique le second concert ne dût commencer qu'à 3 heures, ils étaient à midi au Palais de Crystal.

Le programme de cette deuxième journée contenait plusieurs des morceaux du précédent concert (1);

(1) Voici ce programme :

1° Ouverture de *Zanetta* ; 2° *le Jour du Seigneur* ; 3° *Chant des Montagnards* ; 4° Fantaisie de *Moïse en Egypte*; 5° Chœur; 6° le septuor des *Huguenots* ; 7° Valse exécutée par la musique des Guides ; 8° Chœur d'*Isis* ; 9° *Cimbres et Teutons* ; 10° *la Chapelle*; 11° Chanson russe ; 12° *la Nouvelle Alliance* ; 13° *France, France* ; 14° *God save the Queen.*

mais la foule accourue pour entendre était beaucoup plus nombreuse, et la bienveillance plus ma-
nifeste encore qu'au premier jour.

A ce propos, faisons une remarque : si, à chaque
séance, on a vu l'assistance plus compacte que la
veille, et la sympathie encore plus affectueuse qu'au-
paravant, cela ne doit pas être attribué seulement
à une perfection plus grande dans l'exécution des
morceaux ; cette perfection suivit au contraire une
marche inverse, et la cause en est facile à comprendre.

Les cris enthousiastes et même frénétiques échang-
gés en témoignage des bonnes et amicales disposi-
tions internationales, la fatigue exceptionnelle de
ces laborieuses journées, les rigueurs de la tempé-
rature et de l'atmosphère pluvieuse...il n'en fallait
pas tant pour compromettre le larynx de nos chanteurs et altérer la fraîcheur de leur organe. Bon
nombre de nos Orphéonistes sont rentrés dans leurs
foyers avec une extinction de voix ; extinction com-
plète ! et qui leur permettait à peine de se faire
entendre dans la conversation. Entre cette privation
finale et la possession entière de leurs moyens, il y
a une foule de degrés qu'ils parcoururent successivement et en descendant l'échelle.

Selon nous, ce qui fut cause du *crescendo* de cordialité remarqué, ce fut, en partie, la louable sus-
ceptibilité du peuple anglais, qui craignait de voir
son antique réputation de généreuse hospitalité
compromise par les plaintes fondées de quelques-

uns des voyageurs. Ce fut, en partie, la rondeur de
caractère et la jovialité que montrèrent ces derniers. Il faut le dire à leur louange, ils supportè-
rent avec la bonne humeur française, des contre-
temps qui eussent démoralisé d'autres hommes. Ils
excusaient plus qu'ils n'accusaient, les inconceva-
bles oublis dont ils avaient souffert. Cette disposition dès deux parts fit naître puis développa la bienveillance, et produisit cet échange de bonnes assu-
rances, cette touchante concorde dont on a raconté
tant de détails.

Nous ne voulons pas dire que le talent des Orphéonistes ait fait défaut, ou qu'il se soit montré in-
ferieur à ce que l'on était en droit d'en attendre ;
nous protestons contre cette supposition , et
d'autres de même nature qui se sont glissées dans
des journaux en France. La vogue toujours gran-
dissante des chanteurs français s'est établie sur les
preuves positives de leur savoir-faire ; elle s'est de-
veloppée à cause de la manière dont quelques-uns
ont su faire contre mauvaise fortune bon cœur. Au
surplus, pour éviter tout soupçon de parti pris, en
fait d'approbation, nous allons emprunter à une
feuille anglaise, *Keenes'Bath Journal*, une appréciation du concert de mardi.

Voici comment s'exprime le narrateur :

« Les Orphéonistes français ont des qualités que nous
n'avons jamais trouvées chez nous, dans aucun ensemble choral. Rien ne surpasse leur précision. Sans être

soutenus ou dirigés par aucun accompagnement, ils conservent exactement à la fin du morceau, le ton dans lequel ils l'ont commencé. Dans les passages *staccato*, on pourrait croire qu'une seule voix articule la note, tant cette note est nettement jetée. Dans tout le cours du morceau, les paroles sont aussi faciles à saisir que si l'on entendait un seul chanteur dans une salle de concert ordinaire.

» Ils ont aussi une manière d'émettre la voix qui en augmente la sonorité, et lui permet d'arriver au loin. De l'extrémité même du grand transept, du côté opposé à l'estrade, on pouvait remarquer une netteté et une vigueur tout à fait satisfaisante et supérieure à tout ce que nous avons entendu dans les chœurs exécutés jusqu'ici. Serait ce que l'absence d'un orchestre nombreux qui, d'ordinaire, s'interpose entre l'auditoire et les chanteurs, permet à la voix de s'élancer plus librement ? Je ne l'affirme pas, quoiqu'il y ait des raisons de le supposer.

» Dans la *Retraite* de Laurent de Rillé, ils font avec une grande habileté les *crescendo* et les *diminuendo*. Au commencement, on imite le son d'un tambour qui approche par degré; d'abord on le perçoit à peine, tant ce son est délicatement articulé ; puis, par une gradation rapide et par nuances insaisissables, on arrive à un *fortissimo*. Puis, en diminuant par des nuances d'une délicatesse exquise, le son semble s'éloigner... et il s'éteint sans qu'il soit possible de dire quand a fini la dernière note.

» Aussi ce morceau a-t-il été redemandé avec enthousiasme.

» Le *Chant des Montagnards* a un grand caractère

de force et de beauté ; il exige une grande masse de voix. C'est le beau idéal d'un chant de liberté.

» Mais, à notre avis, et évidemment c'était celui de tous les auditeurs, rien ne surpasse les *Enfants de Paris*, qu'on a également redemandés au milieu d'un tonnerre d'applaudissements. C'est vraiment quelque chose de magnifique.

»A propos de ce morceau, on raconte qu'il y a environ dix ans, à l'époque où les sociétés chorales étaient comparativement dans l'enfance, une des associations parisiennes donna une sérénade au célèbre Adolphe Adam. Touché de cette démonstration, le grand compositeur voulait leur donner quelque souvenir de cette visite. Clémenceau de St-Julien, leur chef, tira de sa poche, le poëme des *Enfants de Paris*, dont Adolphe Adam fit aussitôt la partition. Ajoutons que la *Retraite* est aussi l'œuvre d'un des Orphéonistes, M. de Billé, un des compositeurs les plus estimés pour la musique chorale.

» Le chœur ou chant de guerre *Cimbres et Teutons*, a eu moins de succès ; il présente quelque chose de rude et de heurté qui a semblé peu attrayant (1). La *Chapelle du Vallon* a du mérite ; c'est une beauté solennelle qui a été hautement appréciée. La *Nouvelle Alliance*, composée pour ce festival par Halévy, quoique d'une grande pureté de style, n'a pas touché l'auditoire

____

(1) Nous ne saurions partager le sentiment de l'honorable rédacteur. Le genre de cette œuvre n'est pas celui de toutes les autres pièces qu'il cite, mais elle n'en a pas moins un mérite hors ligne. On y trouve une énergie âpre, une rudesse sauvage qui est bien la *couleur locale* et qui dénote une véritable inspiration artistique.   V. D.

comme *France, France*, composé aussi pour la circonstance par Ambroise Thomas.

» Le chœur :

> » Toujours debout,
> » Chantons partout,
> » France ! France !
> » Dieu protége la France !

fut rendu avec une vigueur enthousiaste à laquelle l'assemblée applaudit de bon cœur.

» Le *Chant du Bivouac* nous a particulièrement frappé par la manière franche, nette et agréable dont il a été exécuté. Ce morceau est surtout remarquable par certains traits qui furent enlevés avec une admirable vigueur.

» La musique des guides est peut-être ce que l'on peut entendre de plus parfait comme instrumentation.

» L'ouverture de ZANETTA mériterait qu'on fît le voyage pour l'entendre. C'est charmant ! et c'est joué avec un goût, un fini qui ne laisse à désirer, rien... que de l'entendre encore.

» Les Orphéonistes exécutèrent, pour finale, notre chant national qui fut comme toujours bien reçu de l'assemblée. Celle-ci demanda à son tour *Partant pour la Syrie*, qui fu. acclamé par un unisson de toutes les voix de l'assistance... »

Alors se renouvelèrent, avec de nouveaux incidents, les scènes d'effusion du jour précédent, et sur lesquelles nous ne nous arrêterons pas, plus que nous ne l'avons fait, et par la même raison, notre insuffisance à constituer de tels tableaux !

Après le concert, nouvelles excursions dans Londres et dans les environs. D'ailleurs, partout, des fêtes étaient proposées pour les Orphéonistes, et ils n'avaient que l'embarras du choix.

Après de nombreuses pérégrinations, la petite troupe dunkerquoise revint, comme la veille, à son *half moon hôtel* se préparer aux nouvelles fatigues du lendemain.

IV

Après la fatigue des trois jours qui venaient de s'écouler, il fallait du repos. Ce repos ne fut permis que le mercredi.

Permis, oui ; *observé*, non.

Pour premier usage du loisir que laissait le devoir musical, les Dunkerquois visitèrent *Westminster-abbey*, magnifique dentelle de pierre, bijou catholique que la réforme n'a pas répudié et qu'elle a restauré avec une judicieuse sollicitude ; sans regarder de trop près si une logique sévère trouve à s'y contenter, ils la laissent dormir sur les tombeaux de leurs rois qui reposent sous ces merveilleux arceaux. Puis le *Zoological-garden* eut son tour ; et *Hyde parc* et *Regents-street* et *St-James-Parc*.... N'oublions pas le *Parliament-house* où, sur la seule exhibition de leur insigne, nos Orphéonistes furent gracieusement admis. Ils purent même assister à une séance de la Chambre des Communes et y entendre lord Palmerston.

Dans ces promenades, on rencontra des compa-

triotes, on recueillit leurs impressions; on apprit les
infortunes de quelques-uns d'entre eux; les pénibles
privations auxquelles ils avaient été exposés ; les
insinuations malveillantes jetées dans le public et
dont quelques feuilles consentirent même à se rendre
l'écho ; les protestations faites, les accusations por-
tées, etc...

Un journal anglais (1) nous paraît résumer tout
ce que nous aurions à dire à ce sujet, et nous lui
emprunterons les lignes qui vont suivre :

« Ce fut une grande et excellente idée que celle de
faire venir ici les Orphéonistes de France, pour montrer
au peuple anglais où l'on peut arriver avec les excellentes méthodes chorales pratiquées chez nos voisins. Le
succès a répondu à l'idée et je serais heureux de n'avoir
ici que des éloges à donner. Malheureusement, il n'en
est pas ainsi ; si les Orphéonistes ont donné tout ce
qu'on attendait d'eux, ils n'ont pas reçu ce qu'ils attendaient en retour. Je m'explique.

» Il faut qu'il soit bien entendu — car c'est un fait
que l'on avait tenu soigneusement caché, je ne sais dans
quel but — il faut qu'il soit bien entendu que MM. les
Orphéonistes ne font pas métier et marchandise de leur
voix et de leur talent. Sans partager l'indignation des
signataires d'une lettre qui a paru dans les journaux
anglais, je conviens parfaitement que, dans de pareilles
circonstances, les positions doivent être bien établies et
que c'était se rendre coupable d'une imposture vis-à-vis

(1) *Courrier de l'Europe.* Londres, samedi 30 juin,
n° 1,063, page 407.

du public que de lui laisser ignorer dans quelles conditions étaient venus les Orphéonistes. Or, non seulement
ils ne sont pas payés pour les représentations qu'ils sont
venus donner ici, mais encore ils y séjournent à leurs
frais — et à grands frais, j'ose dire ; la seule gratuité
qu'ils aient eue, c'est le voyage de Paris à Londres; mais
quand on pense que beaucoup d'entre eux demeurent à
l'autre bout de la France et qu'ils ont été obligés de
payer leur trajet jusqu'à Paris, on comprend quels sacrifices ils ont dû s'imposer, pour la seule satisfaction de
venir initier le public anglais aux avantages et aux douceurs de la musique d'ensemble.

» Parlerai je de l'exécrable organisation qui a présidé
à l'installation et au bien être de nos voyageurs ? Certains individus — je ne sais qui, je ne veux pas le savoir — avaient entrepris de pourvoir à tous les besoins
des Orphéonistes qui devaient trouver ici, à leur arrivée,

« Un bon souper et surtout un bon lit. »

» Je ne parlerai pas du souper — il ne faut jamais
dire du mal des absents ; mais le lit ! oh ! le lit ! Dans
une sale masure — une sorte de caserne — à l'autre
extrémité de Londres, on avait disposé une série de dortoirs dont tout le comfort consistait en quelques paillasses
semées sur le plancher ; avec quelque peine, on obtint
des draps — pas toujours. De siéges, de cuvettes et
autres ustensiles nécessaires, pas un vestige. Voici le
logement que l'intelligence éclairée des « organisateurs »
avait trouvé. Une grande partie ont dû coucher à la
belle étoile — ils n'ont pas été les plus malheureux,
quoique la saison ait des rigueurs inusitées — du moins,
ils ont échappé à la saleté et à la vermine. D'un autre

côté, l'hospitalité des hôteliers n'a pas été très-écossaise (paroles de Scribe) ; c'est au poids de l'or — vieux style — qu'on a fait payer aux Orphéonistes le boire et le manger. Mais passons, d'autant plus que je ne dois pas être plus sévère ni plus vindicatif que ces braves garçons qui, pour la plupart, considéraient cette déconvenue spéciale, comme un détail.

» Ce que je me hâte de constater, c'est le succès immense, c'est le chaleureux accueil qu'ils ont obtenu auprès du public anglais, surtout quand l'histoire de leurs tribulaiions et la vérité sur leurs relations avec l'entreprise, ont été connues de tout le monde. Rien ne peut donner une idée de l'enthousiaste sympathie dont ils ont été l'objet au Palais de Cristal : on comprenait que tous ces applaudissements du public distingué qui se pressait dans le Palais, s'adressaient tout autant aux hommes qu'aux artistes.

» Et cependant les artistes seuls eussent déjà mérité cette ovation. Car il faut voir avec quel entrain, avec quel *chic* — je signale ici la véritable orthographe du mot pour mes confrères anglais qui écrivent *chique;* oh ! *shocking !* — avec quel talent enfin, les orphéonistes ont rendu certatns chœurs, spécialement *France, France,* la *Nouvelle Alliance,* le *Chant du Bivouac,* mais surtout les *Enfants de Paris* et la *Retraite.*

» La musique des Guides a justement partagé avec les Orphéonistes l'accueil si flatteur du public anglais. Mais aussi où trouver une troupe militaire aussi admirable ? Dans ce bataillon, les soldats sont des officiers et les officiers sont des maréchaux. Ils sont là une cinquantaine d'artistes choisis ; il faudrait, pour bien faire, les nommer tous. Mais de même que Napoléon Ier, en prenant congé de sa vieille garde, ne pouvant les embrasser tous, embrassait le brave général Petit, de même, ne pouvant donner à tous les éloges que tous ils méritent, je leur donnerai l'accolade en la personne du général et des officiers généraux. MM. Mohr, l'habile compositeur, le chef de musique ; M. Ory, le sous-chef; MM. Fabre et Landzerini, les héros de la clarinette et du piston ; les deux frères Lépine, François et Alexandre, qui ont élevé le saxophone et la petite clarinette à la-suprême perfection; puis MM. Masset, Duverger, Duboucq et Dunkler, qui, dans le trombone, la flûte, le hautbois et le saxophone, ont atteint les dernières limites du possible. »

Un autre journal anglais dit :

« Nous avons causé avec plusieurs Orphéonistes ; nous avons été frappé du bon esprit qui les anime. Ils sont disposés bien plus à excuser qu'à condamner. Mais ils sont vivement désireux qu'on sache bien que s'ils sont venus en Angleterre, c'est librement et sans aucune rétribution. Espérons que leur mésaventure ne changera pas les bons sentiments qui les ont amenés, et que leur visite ne sera que le prélude d'un échange de bons offices ; échange auquel tous les particuliers en Angleterre se sentent portés. Puissent-ils continuer à pratiquer avec un égal succès la bonne harmonie, et trouver dans l'étude de la musique, des délices nouvelles et la résolution d'écarter à jamais entre les nations toute animosité, et de resserrer au contraire les liens de la concorde et de la fraternité. »

Nous pourrions faire cent citations analogues ; la forme varie, le fonds est le même.

Il convient d'ailleurs de dire que la première nuit a été la seule épreuve rude de celte campagne, et que l'administration du Palais de Cristal n'a rien omis pour réparer le mal dès qu'elle l'a connu ; que la masse de la population anglaise s'est efforcée, par toute sorte de procédés affectueux, d'adoucir la première et pénible impression ; que d'ailleurs, les plaintes ne s'adressaient pas toutes aux organisateurs de Paris ou de Londres. On faisait observer avec une apparence de raison que si, jusqu'à un certain point, les voyageurs avaient le droit d'attendre des soins prévoyants, on avait aussi le droit de laisser quelque chose à leur initiative ; qu'ils ne pouvaient se considérer ou exiger qu'on les considerât comme des enfants à la lisière ; qu'il faut comprendre l'encombrement que produit l'arrivée de 3,000 voyageurs tombant dans Londres au moment de l'année où, même dans les circonstances ordinaires, il n'y a plus dans les hôtels un seul coin de libre ; qui y tombent un dimanche, jour où Londres est frappée d'une léthargie dont rien ne pourrait le faire sortir, etc... Que si l'on avait néanmoins amené les excursionnistes le dimanche, c'est que c'était effectivement le seul jour où il fût possible de détourner un moment les steamers du service qu'ils sont astreints à faire pendant la semaine, et que le grand bruit fait à l'occasion d'une mince circonstance d'un si vaste fait, ressemblait trop aux lamentations d'un amphitryon qui, à la suite d'un grand festin, pleurerait quelques assiettes cassées...

Hâtons-nous de dire que, complètement désintéressés et dans les plaintes à énoncer et dans les justifications à produire, nous voudrions seulement qu'on fît à chacun son équitable part, et nous croyons opportun de rappeler qu'à l'avenir, en pareille occurrence, on fera bien d'adopter le mode dont l'Orphéon Dunkerquois s'est si bien trouvé, celui d'envoyer un délégué; à défaut de délégué, s'assurer par correspondance de ce qu'on a intérêt à connaître.

Pour clore enfin cette page rembrunie de notre relation, disons que le soir nos Orphéonistes purent, à *Covent-garden*, entendre l'*Orphée* de Gluck, et un choix de morceaux de Rossini, Bellini, Mozart, etc., chantés par Ronconi, Gardoni, Mme Miolan-Carvalho, Mme Grisi et autres éminents artistes.

V.

Le jeudi, un troisième concert donnerait lieu à des remarques semblables à celles que nous avons déjà consignées (1). Nous nous bornerons à dire

(1) Voici le programme de cette troisième séance : 1° *God save the Queen ;* 2° fantaisie sur *Moïse en Egypte,* exécutée par les Guides; 3° *Veni Creator ;* 4° le *Départ du Chasseur ;* 5° la *Retraite ;* 6° ouverture de *Guillaume-Tell,* exécutée par les Guides ; 7° la *Nouvelle Alliance ;* 8° le septuor des *Huguenots ;* 9° air varié, exécuté par les Guides ; 10° les *Enfants de Paris ;* 11° la *Chapelle ;* 12° le *Chant du Bivouac ;* 13° *Marche aux Flambeaux,* exécutée par les Guides ; 14° chœur d'*Isis ;* 15° *France! France !*

que la *fantaisie* des Guides fut bissée de même que le *Chant du Bivouac*, les *Enfants de Paris*. Somme toute, succès éclatant qui enchérit encore sur ceux des jours précédents.

Ce qui contribua, ce jour-là, à augmenter le nombre des assistants, c'est le bruit que la Reine aurait honoré de sa présence le concert. On assura que sa non-venue n'avait eu d'autre empêchement que la mort du prince Jérôme Napoléon.

Dans son compte-rendu de cette journée, le *Penny-Newsman* (sunday July 1 p. 3) dit :

« Le succès des Orphéonistes augmente à chaque concert. Jeudi, la splendide musique des Guides a commencé l'ouverture... L'habileté avec laquelle les chanteurs français ménagent la voix et en varient les nuances est poussée à un point qu'on croirait à peine. Ces milliers de musiciens donnent à nos sociétés chorales une bonne leçon... A ce troisième concert, les toilettes étaient vraiment remarquables... et les mutuels témoignages de l'immense assemblée plus vifs que jamais. »

Voici ce qui donna occasion à ce redoublement de ferveur :

Le *God save the Queen* avait été chanté et accueilli comme de coutume, lorsque la musique du *Royal-Marine*, qui se tenait inaperçue, dans les galeries supérieures, répondit par l'air de la *Reine-Hortense*. Cette agréable surprise devint l'occasion de nouvelles acclamations qui dépassèrent de beaucoup celles des jours passés.

Enfin, à 6 heures, les grandes eaux des jardins jouèrent, et, malgré les apparences de mauvais temps, on songeait à se rendre à *Cremorne garden,* où une fête exceptionnelle était préparée pour les Français. Une compagnie de tambours et de fifres, ainsi qu'une musique militaire, devaient recevoir les Orphéonistes au débarcadère et les accompagner à Cremorne. Des salves d'artillerie devaient y célébrer leur arrivée. A sept heures, un ballon ; à 8 heures, un ballet féerique ; à 9 heures, théâtre des Marionnettes *par un français;* des expériences de presti-digitation ; à 10 heures, représentation équestre *par une troupe française;* à 11 heures, feu d'artifice ; pendant toute la soirée, danses sur la plate forme, etc. . .

Malheureusement, les grandes eaux du ciel vinrent à jouer après celles de Sydenham, et il fallut ajourner la fête de *Cremorne garden.*

VI.

Le vendredi 29, le temps se montrant plus favorable, nos Orphéonistes en profitèrent pour voir le *fisch-market,* la *Tour de Londres,* antique monument, memorandum de l'histoire d'Angleterre, et sur lequel on a fait tant d'antithèses et dit tant de paroles, que nous avons toute raison de ne pas y ajouter notre mot ; le *musée d'artillerie,* les *entrepôts,* les *docks,* établissements maritimes sans rivaux; *Woolwich* et la *fonderie* de canons et le *tunnel* sous la Tamise, travail grandiose, qui, à sa hardiesse incroyable, joint, pour nos touristes, un mérite tout spécial, celui d'être l'œuvre d'un Français.

Par une gracieuse attention, la Reine avait permis que 300 billets pour visiter le château de Windsor fussent mis à la disposition du comité pour les répartir entre ces messieurs ; un train spécial devait les y conduire, et l'administration du chemin de fer avait réduit les places à 2 sch. 6 p. Pareille concession pour une excursion à Hampton Court, et une autre à Birmingham.

La musique des Guides était allée à Buckingham Palace, saluer la Reine et lui jouer une sérénade.

Ce soir-là, la *Société d'harmonie sacrée* offrit aux Orphéonistes, à Exeter Hall, un concert formé par un choix des œuvres de Haendel.

La salle était magnifiquement ornée ; elle était éclairée par douze lustres ; au fond, en grosses lettres, était l'inscription :

A NOS FRÈRES LES ORPHÉONISTES DE FRANCE !

et partout le drapeau français.

Madame Sainton-Dolby, cantatrice fort remarquable, et qui a épousé un Français ; M. Parepa et M. Sims Reeves, le premier ténor de l'Angleterre, se firent entendre. Des chœurs comptant 500 voix et un orchestre de 250 musiciens aidèrent à l'interprétation des *oratorios, Samson, Judas Macchabée,* le *Messie* et *Israël en Egypte.*

Ces œuvres remarquables portent naturellement le cachet de leur auteur, et il en résulta une certaine monotonie qui formait surtout contraste avec l'extrême variété du répertoire des Orphéonistes. Néatimoins, on put admirer l'ampleur et la fraîcheur de la voix de M. Sims Reeves, sa bonne méthode et s'initier à un style sévère peu connu en France, celui de Haendel.

Dans le cours de cette soirée, une idée vint à surgir ; celle d'offrir aux Français un banquet d'adieu. En moins de deux heures, des souscriptions volontaires eurent fourni 60,000 francs.

Aussi, à la fin de la séance, un lord, prenant la parole, invita les Orphéonistes à un dîner qui leur était offert pour le lendemain au Palais de Cristal. Il ne faut pas se mettre en frais d'affirmations pour persuader au lecteur, combien cette nouvelle courtoisie fut favorablement reçue, et il imaginera sans peine quelles démonstrations s'en suivirent.

VII.

Le samedi 30 juin était le jour marqué pour les adieux.

Dès le matin, une députation des Amis de la Paix (1) venait présenter à « *leurs frères les Or-*

(1) Parmi ces députés, on voyait MM. Robert Forster, Joseph Cooper, Stafford Allen, William Ball, Charles Warner, Joseph Marsh, Edward Beck, Charles Wise,

» *phéonistes de France, à l'occasion de leur visite en*
» *Angleterre,* » un gage de bonne entente. C'était
une réunion de petites brochures (1) renfermées
dans une enveloppe portant les emblèmes et les de-
vises de la Société.

Un petit feuillet rose mérite une mention particu-
lière. En tête se trouve une vignette représentant
deux jeunes garçons, un Anglais et un Français, se
tenant par la main ; puis au-dessous vient le texte
qui contient l'instruction que nous transcrivons :

« Cette adresse a été circulée par milliers parmi la
» jeunesse d'Angleterre ; elle est envoyée à ses jeunes
» frères et sœurs en France.

» L'ANGLETERRE ET LA FRANCE!

» Que l'amour fraternel demeure en vous.

» Dans les temps passés, on enseignait aux enfants de
» l'Angleterre et de la France de se regarder comme
» ennemis mortels. L'esprit de la chrétienté s'est main-
» tenant répandu parmi les jeunes gens de ces deux
» grandes nations, et il faut espérer que la guerre
» n'éclatera jamais plus entre elles. Remercions Dieu
» que ce sentiment de bienveillance se soit répandu et

Sydney Cooper, T. B. Smithies, William Holmer, Edmond
Fry, et le Rever. Henri Richard. (*Morning-Star*, wed-
nesday july 4).

(1) *Observations sur la guerre,* par J.-J. Gurney ;
le *Mal principal de la guerre,* par Channing ; l'*Ar-
bitrage substitué à la guerre ;* le n° 62 du *British
workman* où se trouvent de charmantes gravures et
d'excellents conseils.

» prions qu'il continue à se faire jour des deux côtés
» de la Manche. »

Un autre petit feuillet rose semblable, et portant
pour titre : LA FRANCE ET L'ANGLETERRE, donne
aux ouvriers de pacifiques conseils, et rappelle que,
de 1141 à 1815, en sept cents ans, il y en a 266
de guerres acharnées entre deux nations « qui se
disent conduites *par le prince de la paix !* »

Une adresse spéciale aux Orphéonistes mérite que
nous en fassions une citation plus étendue :

« Amis et Frères,

» Votre visite en ce pays a été acclamée par toutes
les classes de la communauté britannique. Elle nous
rend particulièrement heureux, nous, les Amis de la
Paix, parce qu'elle tend vers un but que nous poursui-
vons depuis longtemps, et qui nous est cher au-delà de
toutes choses. Nous croyons que tous les hommes sont
enfants d'un même Père, qui les a créés tous du même
sang, afin qu'ils demeurassent sur la terre. Aussi, re-
gardons-nous la guerre comme un véritable fratricide,
que nous abhorrons, non seulement à cause des maux
sans nombre qu'elle inflige à l'humanité, mais encore
parce qu'elle est une violation flagrante de cette grande
loi d'amour, que le Christianisme nous inculque, comme
étant la plus haute expression de la Divine Sagesse, et
le moyen le plus certain d'atteindre le bonheur.

» Voilà pourquoi nous saluons votre présence parmi
nous, comme un gage de l'intimité toujours croissante,
qui lie les deux nations, et qui tendra, de plus en plus,
à rendre impossible la guerre entre elles. C'est l'échange

libre et fréquent de visites amicales, qui en multipliant
les occasions de resserrer leurs relations, met les peuples
à même de se connaître et de s'apprécier davantage,
détruit en eux les sentiments de défiance, et leur fait
comprendre que lorsqu'ils sont voisins, comme la France
et l'Angleterre, ce voisinage, loin de les rendre ennemis
naturels, doit, au contraire, les rapprocher en amis et
en alliés plus intimes.

» Malheureusement, dans le passé, il n'y a eu, entre
les deux pays, qu'une seule rivalité, celle qui tendait à
infliger à l'autre la plus grande somme de maux, les
plus grandes calamités, les plus grandes afflictions.
Mais cet âge, espérons-le, est passé à tout jamais. Une
nouvelle et une plus noble ambition anime également
les cœurs français et anglais. A vrai dire, nous sommes
toujours rivaux, mais le terrain sur lequel nous luttons,
est celui du commerce, des arts, des sciences, de la civilisation, de l'humanité. Dans de tels combats, nous
n'avons pas à pleurer des armées détruites, des villes
saccagées et pillées, des palais incendiés, des chaumières
abandonnées, des foyers désolés. Non : nos triomphes
se comptent par les ponts que nous construisons, par les
chemins de fer que nous établissons, par les améliora-
tions que nous introduisons dans l'agriculture, par les
villes que nous embellissons, par les fils électriques dont
nous entourons le globe, et qui sillonnent l'immense pro-
fondeur des mers.

» Ces victoires nous les avons remportées à l'aide du
génie combiné des deux nations, et par la noble émulation du travail. Ainsi chacun a enrichi l'autre ; chacun
a aidé son voisin, et de cette manière chacun a contribué
à la prospérité de tous.

» Nous sommes heureux de constater, que le peuple anglais n'entretient pour le peuple français qu'un sentiment profond d'amitié, et n'a qu'un seul désir, celui de vivre avec lui en bonne harmonie. Aussi sommes-nous heureux de l'occasion qui s'offre aujourd'hui d'exprimer notre sincère conviction que le peuple français est animé par les mêmes sentiments envers nous.

» Qu'importe-t-il que de chaque côté du détroit il y ait quelques mécontents enclins à semer la discorde et la défiance, et à faire renaître d'anciennes animosités, que l'oubli aurait dû engloutir depuis longtemps ? Les cœurs des deux nations, en dépit de tels efforts, se rapprochent davantage de jour en jour. Votre visite d'aujourd'hui en est la preuve. Puisse-t-elle amener, de part et d'autre, un échange suivi de relations à jamais durables. Vous qui vous êtes montrés si grands maîtres en l'harmonie, vous n'aiderez pas moins efficacement par votre présence chez nous, à répandre cette autre harmonie morale qui devrait régner sur toute la Chrétienté. Que les Orphéonistes de France remportent l'assurance qu'en Angleterre ils ont été les bien venus ; que le chaleureux accueil qu'ils ont reçu, ne tient pas seulement à l'admiration accordée à leur génie comme musiciens, mais aussi et surtout à l'affection et au respect qui les entourent comme Français. »

JOSEPH PEASE, *Président de la Société dela Paix*. HENRY RICHARDS, *Secrétaire*.

Londres, ce 30 *Juin* 1860.

Assurément, il serait difficile d'exprimer en meilleurs termes de meilleurs sentiments.

A cette députation, M. Delaporte répondit en substance :

« Messieurs,

» Nous sommes profondément touchés du cordial accueil que nous recevons en Angleterre, et particulièrement des paroles que vous venez de nous faire entendre. J'aime à vous assurer qu'avant même que nous eussions posé le pied sur le sol anglais, la réciprocité de sentiments et l'union des cœurs existait déjà entre nous. Les accords dont le Palais de Cristal va porter au loin l'écho attesteront que désormais l'alliance intime des deux peuples est enfin établie ! La mission de l'Orphéon est essentiellement pacifique ; elle mérite l'approbation d'hommes comme vous, Messieurs, dont les généreux et persévérants efforts porteront indubitablement des fruits dans l'avenir.

» La cause que vous soutenez est sainte. Tôt ou tard tous les gens de bien s'y rallieront. Pour nous, c'est un bonheur que d'y apporter les premiers notre adhésion et de répéter après, vous le cri d'union qui est la devise de votre puissante et admirable Société.

» Quant à l'Orphéon, il est encore bien récent ; mais il puise sa force dans la liberté d'association. Sous sa bannière ornée des attributs de l'harmonie et de la concorde, sont venues librement se grouper toutes les classes de la société qui y sont représentées par quelques-uns de leurs plus honorables membres.

» L'Angleterre, Messieurs, appréciera l'heureuse influence que ne peut manquer d'exercer tout ce qui s'est passé dans ce Palais. Quant à nous, en retournant en France, nous y rapporterons le témoignage de ce que nous aurons vu et entendu. Nous voici 3,000 chanteurs représentants d'une vaste famille qui compte 40,000 membres et qui s'est associé les artistes les plus renommés de notre pays, de même qu'elle a attiré à elle les sympathies de toute la nation. Nous conserverons toujours le souvenir de votre fraternelle réception, et parmi nos compatriotes, au sein de nos familles, en public comme en particulier, nous serons les coopérateurs des Amis de la Paix. Union et fraternité entre la France et l'Angleterre, tel sera notre cri de ralliement.

» Je vous le dis, au nom des Orphéons et des Soc étés chorales de France. »

On voit par les citations que nous venons de faire que cette fois encore, à Londres comme à Douvres, une démarche de simples particuliers, une manifestation artistique, prenait le caractère d'un acte international. Sans l'intervention des nécessités ou des convenances politiques, sans l'admission d'aucun organe officiel de l'autorité, dans les deux pays, l'opinion publique agissait et parlait le langage qui lui convient. Les déductions à tirer de tels actes absolument libres et spontanés ont une valeur qui n'échappera qu'aux esprits dominés par la prévention.

La propagande de la paix ne fut pas la seule. Chaque Orphéoniste fut gratifié, par une générosité anonyme, d'un exemplaire du Nouveau Testament, où se trouvait une petite carte avec la dédicace suivante :

« *Cet exemplaire du Nouveau Testament de N. S.*

» *J.-C. est offert aux Orphéonistes de France par*
» *quelques chrétiens anglais, comme souvenir de leur*
» *visite en Angleterre.* »

Le texte est-il dans son intégrité ? C'est une vérification qu'il ne serait pas inutile de faire ; mais ce n'est pas ici le lieu d'un tel examen.

Une annonce répandue à profusion faisait connaître que, par suite de la réception enthousiaste qui leur avait été faite, les Orphéonistes consentaient à donner un concert d'adieu. Le prix des places était baissé de 6 fr. et 7 fr. à 3 fr. Le programme ne contenait guère que les morceaux acclamés du public (1).

La séance devait commencer à 3 heures ; mais, dès 10 heures, les portes de Sydenham étaient ouvertes.

La foule, énormément augmentée, ne fut ni moins chaleureuse ni moins démonstrative que précédemment. Les *hurrah!* les plus frénétiques, les *bravos* les plus enthousiastes furent de nouveau échangés. Et pour peu qu'un cinquième concert eût été résolu, nous ne savons si un seul des chanteurs eût encore pu émettre une seule note.

(1) 1° *God save the Queen ;* 2° Ouverture de *Zampa ;* 3° le *Chant du Bivouac ;* 4° le *Départ du Chasseur ;* 5° Cavatine de la *Dame du Lac ;* 6° le *Jour du Seigneur ;* 7° le septuor des *Huguenots ;* 8° ouverture du *Billet de Marguerite ;* 9° les *Enfants de Paris ;* 10° la *Chapelle ;* 11° *Marche aux Flambeaux ;* 12° *Psalm ;* 13° la *Retraite ;* 14° *France! France !*

VIII.

Le banquet d'adieu devait suivre immédiatement le concert. L'avis distribué par la commission des souscripteurs portait au bas cette note :

« Amis, courons-y au galop ! »

A 7 heures environ, on entra dans la salle du festin, bannières en têlc. C'était un coup d'œil séduisant. Imaginez une pièce vitrée d'une largeur et d'une longueur double de la galerie des glaces à Versailles, où des tables pour 15 ou 20 convives, s'étendant à perte de vue, étaient préparées pour trois ou quatre mille personnes. A chaque table, deux domestiques pour le service.

Le menu, très-convenablement disposé, se composait de gigots d'agneaux, de volailles froides, de jambons, de poudings..., de pâtés, de conserves.... de bières de premier choix et de vins français des meilleurs crûs, tels assurément que la plupart des Orphéonistes eu ont rarement à leur table.

Sir Paxton présidait le banquet où se trouvaient d'éminents personnages et même, assure-t-on, le ministre de la guerre, le ministre des finances, etc. Si les Orphéonistes y avaient une attitude digne, les Anglais, de leur côté, paraissaient vivement satisfaits, et tout se passa d'une manière parfaitement convenable.

Au dessert, l'honorable président se leva et fit le *speech* suivant (1) :

« Messieurs, vu le vaste espace que notre grand nombre occupe, il n'est possible de se faire entendre que par quelques-uns de vous ; mais afin que ce qui se passe ici ce soir, soit autre chose qu'une pantomime inintelligible à la grande majorité et surtout ne dégénère en discours détachés et sans ordre, on propose de limiter le nombre des toasts à quatre qui seront portés par votre président dans les termes les plus concis, et auxquels vous répondrez, sans doute, avec acclamations. Je propose donc de boire à la santé de la Reine. Dans notre pays, ce toast est toujours porté le premier dans toutes nos fêtes. Durant leur séjour parmi nous, nos convives ont pu remarquer avec quel généreux enthousiasme le nom de Sa Majesté est reçu en toutes occasions. Par la manière admirable avec laquelle vous avez rendu notre hymne nationale, nous voyons que vous comprenez la cordiale loyauté de la nation anglaise; or, je suis persuadé que vous boirez à la santé de Sa Majesté avec un enthousiasme égal à l'énergie que vous avez mise à chanter sa louange (Vives acclamations).

» Maintenant, je propose de boire à la santé de S. M. l'Empereur Napoléon III, qui en toutes occasions répond favorablement aux désirs des personnes de ce pays qui

(1) Ces citations sont un peu étendues, mais elles sont d'une telle importance que nous n'avons pas balancé à leur donner ici la place qu'elles réclament. Notre relation pourra un jour devenir un document qu'on sera bien aise de consulter, et qui ne doit pas se borner à des indications générales.

s'adressent à lui pour un privilége qui doit contribuer à la gratification du peuple anglais. Sitôt que Sa Majesté apprit qu'on voulait voir la musique des Guides accompagner les Orphéonistes, il accorda spontanément son cordial consentement. Vous savez, messieurs, comment son concours a été accueilli. Quant à moi, j'ai pleine et entière confiance dans l'assurance réitérée de l'Empereur, de vouloir soutenir et cimenter l'alliance des deux nations.

» Joignez-vous donc à moi et souhaitez longue vie à l'Empereur et prospérité à sa dynastie. A la santé de Napoléon III, Empereur des Français ! (Acclamations prolongées).

» Il est maintenant de mon devoir de proposer le toast de la soirée. A la santé de nos amis les Orphéonistes, qui, au prix de sacrifice de temps et de dérangements, sont venus dans ce pays ci à leurs frais, nous présenter le fruit de leurs travaux, après plusieurs années consacrées à perfectionner leur art civilisateur. Je ne puis répéter ici que ce dont ils ont pu s'apercevoir par les acclamations qui les ont accueillis à chaque concert, que nous n'apprécions pas seulement leurs talents à sa plus haute valeur, mais que nous éprouvons un profond sentiment d'amitié pour eux en qualité de voisins et alliés; non-seulement dans la voie des arts, mais dans toutes les relations qui doivent exister entre deux grandes nations telles que la France et l'Angleterre. On ne saurait trop louer le talent avec lequel ils se sont acquittés de leurs devoirs artistiqnes, sous leur habile chef, M. Delaporte, un homme d'une énergie rare et dont la détermination étonnante a seule pu surmonter les obstacles qui lui étaient opposés, à amener une armée pour ainsi dire à chanter avec un tel ensemble que le désespoir de tous les chœurs, l'illusion d'une seule voix, est réalisé. Personne ne regrette plus que moi les privations et les vicissitudes que ces messieurs ont éprouvées en arrivant à Londres. Je crois qu'il faut en attribuer une bonne part aux vastes proportions de l'entreprise et à l'inexpérience des agents qui, de ce côté, s'étaient chargés des détails. La patience que ces messieurs ont montrée dans ces moments d'épreuves est au-dessus de tout louange, et si en arrivant ils n'ont rencontré que déceptions qui leur serraient le cœur, j'ose espérer que le chaleureux accueil que le peuple anglais leur a donné témoigne assez de sa véritable sympathie, pour effacer tous les souvenirs qui pourraient altérer la bonne entente qui existe aujourd'hui entre les deux peuples.

» Je crois devoir ajouter quelques mots sur la musique des Guides et leur chef, M. Mohr, qui auraient tous assisté à ce banquet, si un acte philantrophique ne les eût pas appelés à Londres ce soir. La réputation artistique de cet orchestre militaire est trop bien établie pour avoir besoin de mon appréciation personnelle; mais je puis dire, au nom de tous les Anglais, qu'en dehors de son mérite, la musique des Guides sera toujours bien venue en Angleterre, d'autant plus que nous n'avons pas oublié ce que nous lui devons pour être venue chez nous à une autre époque. En proposant de boire à la santé des Orphéonistes, je demande à ajouter le nom de M. Delaporte (Applaudissements frénétiques).

» Le dernier toast à porter est celui de l'alliance de la France et de l'Angleterre. Tout homme sensé des deux pays, qui réfléchit un moment sur les immenses intérêts qui dépendent de la continuation des bons rapports

entre lesdeux plus grandes nations du monde, accla-
mera ce toast avec une joie égale à celle avec laquelle
il acclama son heureuse inauguration ; puisse-t-elle être
solide et perpétuelle !

» Prions avec ferveur de ne jamais connaître de rivalité que dans la science, les arts et le commerce'(1). Tâ-
chons par ces luttes amicales de stimuler et d'aiguillon-
ner les talents et l'énergie dont nous sommes

(1) Dans les strophes chantées à Douvres par l'Orphéon dunkerquois, on disait :

REFRAIN. — CHOEUR.

A leurs voisins, les enfants de la France,
En ce beau jour viennent donner la main !
Pour cimenter avec eux l'alliance,
Chantons, amis, chantons tous ce refrain :
Hurrah ! hurrah ! hurrah !

I

Puisqu'une glorieuse paix
Vient consoler enfin la terre,
Dans chaque peuple, désormais,
Chaque peuple doit voir un frère !
Il appartient aux nations
Qui sont l s deux reines du monde
De se porter les cautions
De cette paix sainte et féconde !

CHOEUR.

A leurs amis, les enfants de la France,
Dans ce dessein viennent serrer la main !
Pour cimenter avec eux l'alliance,
Chantons, amis, chantez tous ce refrain :
Hurrah ! hurrah ! hurrah !

réciproquement dotés, et tout en ne négligeant rien de
ce qui peut nous donner, chacun selon son génie, un

II

Entre ces deux reines, ces sœurs,
Plus de guerres ! Non ! ! plus de haine !
Qu'on reconnaisse à ces grands cœurs
Les chefs de la famille humaine !
Comme deux envoyés de Dieu
Qu'elles n'avancent dans le monde
Que pour faire entendre en tout lieu
Leur parole sainte et féconde !

CHOEUR.

A vous, amis, les enfants de la France
Ouvrent leur cœur aussi bien que leur main.
Jurons ici cette noble alliance,
Gage de paix pour tout le genre humain !
Hurrah ! hurrah ! hurrah !

III

N'ayons plus qu'une ambition !
Etude, progrès, industrie !
Qu'une sainte émulation
Remplace l'orgueil et l'envie !
Et tous les peuples à la fois,
Bénissant les reines du monde,
Ne formeront plus qu'une voix
Qui nous salue et nous réponde :

CHOEUR.

Fils d'Albïon, et vous, fils de la France,
Unis de cœur et vous donnant la main,
Vous méritez pour si noble alliance
D'être applaudis de tout le genre humain !
Hurrah ! hurrah ! hurrah !

avantage dans cette voie paisible d'émulation. Souhaitons que Dieu nous accorde la grâce de ne nous rencontrer jamais que dans des conditions comme celles-ci, pour échanger l'assurance de notre estime et de notre respect mutuels, et qu'il daigne si étroitement lier les deux nations qu'aucune intrigue ou différend fortuit ne puisse rompre ni même compromettre notre union. »

Ces paroles empruntent à la circonstance et à la position sociale de M. Paxton, une importance extrême.

L'allocution de M. de Persigny donne aussi au voyage de l'Orphéon en Angleterre une valeur que la légèreté ou l'envie ne sauraient amoindrir. Voici comment il s'exprima :

« Messieurs,

» Je suis heureux de vous voir en Angleterre. Je sais et j'apprécie toutes les difficultés que vous avez rencontrées pour venir jusqu'ici. Je vous félicite des succès qui ont couronné tant d'efforts, et personnellement je vous ai écoutés avec le plus grand plaisir.

» Vous êtes venus dans la Grande-Bretagne pour y faire entendre les chants avec lesquels vous avez parcouru la France ; mais votre mission s'est agrandie.

» Si j'avais été consulté sur votre projet, je n'aurais peut-être pas osé, en présence des difficultés politiques survenues pendant ces derniers mois entre la France et l'Angleterre, conseiller une pareille tentative de fraternisation ; mais le succès a dépassé toutes les prévisions. Le peuple a prouvé par la cordialité avec laquelle il vous a accueillis, qu'il a au fond du cœur pour la

France plutôt des aspirations de rapprochement et de sympathie que des sentiments de défiance et de haine, qu'on a semblé le supposer dans les régions élevées de ce pays.

» Vous le voyez, Messieurs, votre mission, née d'une pensée fraternelle, aura eu une véritable influence politique. Je vous remercie donc, au nom de l'Empereur, d'avoir fait taire, par vos voix, toute idée d'antagonisme entre deux peuples dont l'union forte et sincère peut seule assurer au monde les bienfaits de la civilisation. »

Aux paroles de M. l'ambassadeur, M. Delaporte répondit :

« Monsieur le ministre,

» Permettez-moi de remercier Votre Excellence au nom de tous les Orphénistes et au mien d'avoir bien voulu accorder à une mission entreprise dans un but simplement musical, une aussi haute portée. Comme phalange lyrique, nous étions heureux de nos succès; aujourd'hui les sodats de l'œuvre orphéonique sont fiers en pensant que leur modeste labeur et leurs efforts persévérants peuvent avoir une influence sur l'avenir de deux nations bien mieux faites pour s'aider et s'aimer que pour se contredire et se combattre. L'accueil chaleureux que nous rencontrons en Angleterre et les encouragements bienveillants que la France nous donne par votre voix sont, Monsieur le ministre, des récompenses trop éclatantes pour que notre association entière n'en éprouve pas un juste sentiment d'orgueil et de reçonnaissance. »

En ces heureux moments, l'opinion de tous les assistants était unanime, et en choquant tes verres, on répétait (1) des paroles telles que : Non, désormais, plus de guerres ; Français et Anglais, entendons-nous et nous serons ensemble les maîtres du monde. Si, dans les colonnes de nos journaux, nous trouvons des mots hostiles, gardons-nous d'y voir la pensée du peuple voisin ; ce sont les opinions isolées de quelques journalistes. Quant à nous, sachons maintenir la paix et consolider la concorde. Les chants de l'Orphéon ont avancé nos affaires plus que ne l'a fait la diplomatie, etc., etc...

Un incident vint rendre plus démonstrative encore l'attitude des convives.

Un bataillon des volontaires nouvellement organisés se tenait sous les armes dans les jardins. Là aussi une partie des *Riflemen*, le verre en main, faisaient de bruyantes libations au dehors. Une des portes de la galerie s'étant ouverte, les Orphéonistes, adoucissant les rigueurs de la consigne, accordèrent entrée aux amateurs. Une foule de promeneurs se précipitent dans la salle : Anglais et Fran-

(1) Quoique le programme du banquet ne permette que les quatre toasts indiqués par sir Paxton, nous trouvons sur nos notes un toast porté par M. Delaporte, un par M. Vaudin, un par M. Eugène d'Auriac, à l'accord des nations, à l'hospitalité britannique... par M. Bright, à l'alliance entre les deux grandes nations... *Je suis aussi Français que vous,* aurait dit l'honorable membre ; à cette déclaration, répondirent trois formidables *hurrah !*

çais se jettent dans les bras les uns des autres.... l'intervention des policemen, ordinairement si efficace, suffit à peine pour se faire entendre. Les acclamations de l'intérieur se propagent dans les immenses jardins où, pour la troisième fois, on a fait jouer les grandes eaux ; les dames agitent leurs mouchoirs, les hommes jettent en l'air leurs chapeaux, ou pousse de joyeux hurrah !

Les Français montent sur les chaises et les tables, et répondent par des *vivat*. Alors les volontaires mettent les armes en faisceau et viennent fraterniser. Chaque rifleman prend un Orphéoniste sous le bras ; tout le monde crie : *Vive la France !* Les Orphéonistes cèdent leurs insignes ; on se les partage, car chacun veut avoir au moins son morceau pour en orner sa boutonnière ; les rubans tricolores des commissaires ont le même sort... c'est une fièvre, un délire qui va se propageant et s'exaltant sans limite, et au milieu de tout cela, on ne distingue que les cris *Vive la Reine ! Vive l'Empereur ! Vive l'Angleterre ! Vive la France !*

Au sortir, les Orphéonistes défilent entre deux haies formées de gentlemen et de ladies qui leur serrent la main. Celles-ci félicitent les artistes : Vous avez bien chanté, messieurs ! Celles-là : Vivent les Français ! Celles-ci échangent une insigne d'Orphéoniste contre un bijou, une bague, une ceinture, un bouquet, un mouchoir, une boucle de leur blonde chevelure qu'elles offrent à la France en la personne

de l'un de ses enfants. Les acclamations se conti-
nuent pendant que la foule s'écoule lentement et
que nos Dunkerquois regagnent leur domicile, sous
l'émotion de ces scènes qui laissent dans l'existence d'ineffaçables souvenirs.

Il faut partir !

Le lendemain, à 8 heures, le chemin de fer reçoit
nos voyageurs et les transporte à Douvres où ils
arrivent à 11 heures. La population les salue comme
à leur arrivée ; ils répondent en chantant, autant
qu'ils le peuvent, le *Départ*, les *Enfants de Paris*,
le *Bivouac*. Le *God save the Queen*, qui avait été leur
première parole en abordant, est aussi la dernière
qu'ils font entendre en quittant le rivage ! Ce qui
leur valut en échange les cris répétés de : Vive la
France !

L'hélice obéissant à la vapeur, pousse le navire
vers l'Est. Après deux heures d'une agréable traversée, on touche la terre bénie, la terre de France !
la patrie !!! ! Cette patrie qu'ils aimaient au départ
et qu'ils aiment plus encore, si c'est possible, au
retour, car nos voisins leur ont montré combien ils
l'honorent et combien elle est haut placée dans leur
estime.

Pendant les moments de la traversée, on se raconte les marques de généreuse courtoisie, de déli-
cates prévenances dont on a été l'objet ou le témoin.
L'excellente tenue et la parfaite convenance des policemen ; la politesse exquise des employés et des

agents du chemin de fer et des guides ; le désinté-
ressement des particuliers qui, en mainte occasion,
refusaient de recevoir le prix des livrances (1) faites
à des Orphéonistes, ou le travail exécuté pour eux.
La libéralité du théâtre St-James, dirigé par M. Ad.
Talexis, qui admettait gratuitement les Français ;
celle de la compagnie du *South-Eastern-Railway*,
qui permit aux délégués de la presse parisienne,
d'arriver à Londres sans désagrément, et sans trop
de gêne, car on leur réservait des voitures de première classe, etc. Par dessus tout, on revenait sur
ces scènes indescriptibles, où une affection aussi
vive et sincère que consolante et peu prévue avait
fait explosion, et démontré sans réplique que les
deux voisins, sans cesse sur le qui vive, peuvent
s'aimer et vivre en bonne intelligence.

Dans leur petit cercle, les Dunkerquois se rappe-
laient en outre des sujets tout particuliers qu'ils
avaient de se féliciter de cette grande solennité. M.
Laurent de Rillé, le célèbre compositeur si souvent
acclamé à chaque séance, n'a cessé, pendant toute
la durée du Festival, de porter l'insigne de l'Orphéon
Dunkerquois dont il est membre honoraire. On se
rappelait qu'il a fait don à la Société de son por-
trait au bas duquel il a écrit de sa main, A L'OR-

(1) Un des Orphéonistes Dunkerquois ayant cassé le
verre de sa montre, en fait mettre un nouveau. —
« Combien vous dois-je ? — Rien , Monsieur, les
Orphéonistes ne doivent pas payer ici. »

phéon Dunkerquois souvenir amical. Bien plus,
il a réuni en un volume magnifiquement relié toutes
ses œuvres chorales avec cette inscription : *A l'Orphéon Dunkerquois*. On rappelait les preuves de l'estime où il tient notre Société et les paroles qu'il en
a dites à l'ambassade de France, etc.

C'était un unisson général de satisfaction auquel
pourtant se mêlait l'expression d'un regret, celui
de n'avoir pu avoir auprès de soi certains compatriotes pour les rendre témoins personnels de tant
de choses qu'ils nieront, ou sur lesquelles ils émet-
tront des doutes, parce qu'ils les trouveront au-
dessus de leur cœur et de leur intelligence, ou qui,
dans l'impossibilité d'une dénégation qui serait trop
insensée, se dédommageront par de plats quolibets
de leur impuissance de faire davantage ! Ne nous
étonnons pas de les entendre assurer que tout cela
est une pure momerie ; que les 100,000 Anglais venus à Sydenham n'ont payé à la porte que le plaisir
de nous faire une mystification.

Mais laissons là cette triste exception, et par l'in-
terposition de ces corps opaques, n'interceptons pas
la lumière si vive qui rayonne du Festival de Londres.

L'Orphéon français, constitué grâce à M. Delaporte, y a fait brillamment ses premières armes à
l'étranger. Organisé par de simples particuliers, le
Festival s'est élevé à la hauteur d'un fait international ; il a acquis la valeur d'un fait social ou huma-
nitaire.

Et par un concours imprévu, ce gage de paix s'est offert à l'Angleterre alors que ses citoyens, sous la préoccupation chimérique d'une invasion française, s'exerçaient au maniement des armes. Qu'est-il advenu? Une légion musicale est venue faire leur conquête à laquelle, il faut le déclarer, ils se sont prêtés de la meilleure grâce du monde ; de sorte que, comme le dit le *Times*, les *vaincus semblent plus heureux que les vainqueurs*, ou, comme l'a dit Corneille :

« Les vainqueurs sont jaloux du bonheur des vaincus. »

Un mot avant de terminer.

On demandera peut-être pourquoi, au titre de cette brochure, l'*Orphéon Dankerquois*, est placé en regard du *Festival de Londres*.

La raison en est simple et nous paraît péremptoire : c'est parce qu'il y a tenu sa place ; que c'est un de ses membres qui en écrit la relation ; parce que cette grande démonstration nationale est, à ses yeux, sinon la conséquence du Festival de Douvres dont il a eu l'initiative, du moins comme un événement conforme à ses vœux, à ses aspirations, à ses efforts personnels. Encore une fois, ce que Delaporte a fait en grand à Londres, nous l'avions fait en petit à Douvres.

Maintenant que tout le mouvement a cessé, que le tumulte et le bruit s'est éteint, que la fièvre et l'enthousiasme se sont calmés, n'est-il pas vrai que nous avons tous, et plus que jamais, la conviction

qu'un sentiment de mutuelle bienveillance va pénétrer dans les masses populaires en Angleterre et en
France ? n'est-il pas vrai que nous somme témoins
que l'institution orphéonique a reçu une force nouvelle ? et que l'art musical peut enregistrer un
triomphe de plus, triomphe dont on chercherait
vainement le semblable dans l'histoire des nations
civilisées ?

Pour nous, c'est assez, c'est beaucoup. Nous plai-
gnons ceux pour qui ce ne serait rien.

Dunkerque.— Typ. Benjamin KIEN, rue Nationale, 22.

www.ingramcontent.com/pod-product-compliance
Ingram Content Group UK Ltd.
Pitfield, Milton Keynes, MK11 3LW, UK
UKHW020942120726
13693UKWH00004B/1493